Jazz in den Wolken

Christine Langer

Jazz in den Wolken

Gedichte

KLÖPFER&MEYER

Eisgötter aus Fleisch und Blut

Postkartenbild

Der Anblick macht schwindelig
Ein Heißluftballon
Über dem Mohnfeld
Das runde Rot im Himmel
Bringt die Mohnblumen zum Schweben
Atmet sie ein und aus
Gespenster die Wolken
Blutsbrüder des eigenen Körpers
Hineinfallen ins mittige Gesicht
Aufgehen hinaufsehen
Ins ohnmächtige mohnlippige Wort

Einsichten

Die Regenfelder treiben im Wind
Wolken wurzeln in der Erde eine Amsel
Zieht mit wackelndem Schwanz einen Wurm
Eine Nacktschnecke umarmt einen Apfel

Halme malen den Stamm ein Ast
Sammelt den Tag die Zeit will sich verdoppeln
In den Zweigen die müden Äpfel
Lassen sich fallen

Pilze tragen den Hut in den September
Braun gefärbt das Haar der Kolben
Die Regentonne füllt sich mit Einsicht
Knollen ernten ein spätlaubiges Jahr

Sturmkronen filtern einzelne Worte
Verse schreiben sich mitten ins Herz
Die Tage wachsen aus dem Gedächtnis
Die Schwalben ziehen schwerelos fort

Fliegenzeit

Für die Fliegen ist das Land Universum
Baumketten als endloser Handschlag
Vibrieren mit ihrem Flügelgezitter
Leicht wie Luft ist das Gewirr
Im Ahorn sind Blätteraugen
Mit Schmetterlingspupillen
In Zeitlupe wechseln Wolken
Das Helle wird heller überm Feld
Einmal weiß dauert das Licht hundert Jahre
Generationen Reformen Katzensprünge
Die lebendigen Buchstaben alter Schriften

König

Ich fragte den Bauern nach frischer Milch
Aus dem Stall drangen Stimmen und Geruch
Gebimmel und das Scharren von Hufen
Die dickste Kuh leckte mit langer Zunge
Futterreste vom Maul
Ihr Almbraun hielt sie jung
Ein getigerter Kater (im Kuhstall zuhause)
Wollte gesehen werden
Er sprang auf einen Ballen Stroh
Durchs Hintertor floß blindes Licht
So grün hatte ich die Wiesen nie gesehen
Die Apfelbäume stiegen übern Zaun
Das süße Leben verwünscht sich in roten Früchten
Kann man dem Wetter trauen
Die Bäuerin schwört auf die Ansage des Hahns
Der den Hof im Griff hat
Jeden Morgen ein König als Trumpf

Spring Tropfen

Vom Dach stürzt der Himmel
Köpfe rollen sich ein
Im Nacken sitzt der Schal
Warmes Fell der großen Katze
Der Blick folgt den Tropfen die
Aufprallen springen zerspringen
In der Regentonne schwimmen
Eisbrocken Geplätscher schwappt
Über den Rand Einer malt Kreise
Fingerkuppen gleiten
Zeit fließt funkelnd ins Blaue
Die Eiszapfen die Sonne
Die Spur der Katze

Staub oder Schnee

Ist es Staub oder Schnee der durch
Den Fensterspalt rieselt
Luftig leicht Sonaten von Bach
Eisglasperlen verzerren Perspektiven
Ein einzelner Tropfen wandert ins Meer
Die Farbe Blau verliert im kalten Licht
Der Winterhimmel hüllt Schlaf in abgelegten Schichten
Die aufgeschüttelte Bettdecke hängt
Als schiefer Buchstabe über der Matratze
So warm wie das Fell einer Katze beginnt der Tag

Artemis

Spinnweben überm Heizkörper
Zittern wie Violinen bei Prokofiew
Der Flammentanz taucht den Raum
In Sonnenlicht ein Palazzo inmitten des Januar
Die Zimmerfliesen
Kopfsteinpflaster auf dem Tauben gurren
Helles Treiben zwischen Fenster und Flur
Im Schatten der Yuccapalme schläft die Katze
Die Göttin der Jagd ihr Ohrenspiel erzählt von erträumter Beute
Die Zeit steht still tagealte Eisblumen am Fensterglas
Nur die Spinnweben überm Heizkörper
Zittern wie Violinen bei Prokofiew

Zwanzigstes Stockwerk

Zurücksinken in den Stuhl
Dessen Lehne sich in Wolkenhöhe
An mich schmiegt

Von Angesicht zu Angesicht
Tausche ich drehend
Die Himmelsrichtungen

Höher als die Krähen
Im städtischen Busch
Bin ich über den Dingen

Der Aufblick gehört mir
Faltet verschwommene Stunden
Noch einmal auseinander

Motive

Mit den Wolken
Ziehen die Silben
Ein baumelndes Blatt
Gewichtet die Ferne
Ein Kastanienbaum wirft
Biografien auf die Parkbank
Eine Krähe läßt
Ihr Geheimnis im Gras
Welche Farben
Begründen den Tag
Deine Lippen am Ohr holen mir
Muscheln von seinem Grund

Bildnis

Die zuckenden Glieder der schlafenden Katze
Träumen von einer hüpfenden Amsel im Gras
Von geduckten Augen tanzenden Mücken
Das Leben ist zum Greifen nah
Die Krallen eingezogen liegt das runde Köpfchen
In meiner Hand ich spüre den Puls
Der mit meinem schlägt das atmende warme Fell
Wie selbstverständlich die Stille in den Kissen liegt
In Falten aus bleichem Stoff die Katze
Gähnt unbekümmert auf deinem leeren Platz

Namenlos

Wie beiläufig endet der Tag
Wie immer um diese Zeit
Sitzt der Kater auf der Fensterbank
Das Laub im Ahornbaum
Hängt zweifarbig ins letzte Licht
Gelb und rot Erinnerungen
Sinken ins Netz
Der Spinne am Fenster
Die Blätter fallen die Sprache
Verdichtet die Dämmerung
Atem bleibt haften am Glas und wird
Flüchtig das Innenleben
Des Zimmers hat keinen Namen

Spätsommer

Während ich im Haus
Die Welt komprimiere
Dringt die Stimme nasser Straßen
Durch Wortfenster
Jedes Ding hat seinen Platz
Sogar dein Kaffeerest ist mir vertraut
Das Ticken der Uhr die Regentropfen
Ihr Klang Karussell
Tanzt um die Wände
Die Arme in der Luft
Breiten sich lesbare Zeichen
Weit über Körper hinaus
Ein LKW wirft Regenlaub in die Luft

Sturm

Ein Sturmtief über südlichem Feld
Himmelwärts toben Wolken
Dunkle Götter am Ende ihres Gesprächs
Stemmen das Philosophieren in die nächste Runde
Die Welt ein grenzenloser Aufbruch Wind kreist
Umkreist ein vielfaches Ich Wipfel leuchten
Doch klappern Zäune fallen Blätter fliegen Papier-
Fetzen im Windkarussell
Wangen glühen am Wegrand Oktobergold
In ausgefransten Blüten
Ungelesene Kapitel halten sich bereit

Himmel und Erde

Dein Atem malt Luftfiguren
Pferde grasen in Augenhöhe
Ein Lamm irrt auf dem Damm
Zum unsterblichen Kind

Ein schwarzes Beil teilt den Himmel
Der Aufwind schüttelt Äpfel ins Glück
Gräsergötter bäumen sich unter hin-
Gestreckten Schatten des Lattenzauns

Schwalbenzug

Die Sonne spiegelt sich im Birnbaum
Selten leuchten die Blätter abendvoll
Und auch das Maisfeld
Glüht aus früheren Leben

Drunter das Gras und darüber
Der Himmel legen sich dunkel in Särge
Wolkenschiffe gleißen für die Schwalben
Die wiederkommen nimmer ruhn

Gewitter

Laternen leuchten
Am Fenster vorbei
Wolken rahmen das Bild
Während Rauch aus dem Kamin
Steigt

Eins mit dem Element
Luft haben wir Götter zur
Seite wir sind mitten
Im Geschehen

Rollende Donner
Verankern die Zeitlosigkeit
In uns

Beschwörungen

Jetzt wenn der Oktober anbricht
Fallen die letzten großen Früchte
Und mit den Früchten steigt das erste Gelb
Windgewirbelt vorm letzten Zergehn

Apfelwachs auf den Fingern betende Wespen
Vorm ersten Frost Nacktschnecken
Versiegeln die Zeit im Nebellicht
Das langsam die letzten Wiesen absteckt

Koppelzäune bleiben offen im Stall ruhen Sommer
Und die Bäume strecken ihre Wipfel
In den Himmel Widmungen Lebensentwürfe
Aufblicke die beschwören

Gesuch

Wenn der Himmel sich neigt
Ins Auge des Pferds
Spiegeln sich aufbäumende Windvögel

Elektrozäune zischen ins Leere
Gekippte Stühle im Gras eine Wespe
Irrt nach süßem Duft

Geheimsprache

Ein letztes Stück Himmel
Im inneren Haus
Mit dem Katzenatem
Schwingt das Pendel der Uhr
Brennen sich Zeichen
Ins ungeschriebene
Buch

Draußen vor der Tür

Im Dunkeln schälen sich Silben heraus
Die Augen einer Katze
Buchstabieren den Augenblick
Bringen leuchtende Orakel ins Haus

Hinter Glas

Der Morgen läßt Wolken steigen
Flutende Felder

Der Himmel ein Abbild meiner Gedanken
Augenblau ein Ausblick hinter Glas

Irdische Gewißheit

Der Himmel steht still
Nur die Bänder des Maibaums
Reißen sich los nach Süden

Déjà-vu

Mit Schlitten auf frostigen Mantelnähten
In die Kindheit

Die Sonne doppelt Hundenasen im Schnee
Unter einer festgefrorenen Hagebuttenträne
Spreizt der Tod
Einer Amsel den Flügel

Eisgötter aus Fleisch und Blut

Während Hagebutten Mützen tragen
Spiegeln gefrorene Pfützen das Überlicht
In Zeitlupe reißen Erinnerungen auf

Ich spüre den Linien meiner Hände nach
Dein Körper atmet im Schnee
Wirbelt Wortkristalle durch die Luft

Weiße Magie

Klirrende Kälte wirft Sterne in die Luft setzt
Der Rabenkrähe Schnee auf den Schnabel

Der Eiswind stemmt Vogelhäuser in den Baum
Beschwört das Verweilen der Flüchtigkeit

Übergänge

Schmelzender Schnee dies Taumeln
Der Winterhalme im milden Traum
Der erste Tag mit einem Vogelruf
Holt Ackerspuren unter dem Mantel hervor
Breitet Gassen im Kalender
Die erdigen Sohlen schleichen wie eine Katze
Im alten Dreck in den Bäumen ruht Gold

Matsch

So viel Dreck in einem Winter
Hatte plötzlich seine Unschuld verloren
Das Dorf ausgestorben
Jeder ging fort für eine Ahnung von Frühling
Im Schatten des Geräteschuppens die Tatzen
Neben Gedärm von einer toten Maus

Dünnes Eis

Es liegt in der Luft
Worte beginnen sich zu tragen
Wechseln mit frühen Amselstimmen
Vokale werden weich und treiben zum See
Nur noch vereinzelt gefrorene Spuren
Vergraben gebrochene Farben
Geästelte Narben starren hinauf ins Licht

Gebrochene Schalen

Kalenderblätter sammeln kahle Ruten
Die Nacht sprühte kleine Bündel Fellbüschel
Zärtlichkeiten an den Zweig tausend auf-
Gebrochene Schalen
Kleine Göttinnen am hohen Stamm

Davor

Aufbrechende Knospen: deine Finger-
Kuppen
Der Himmel greifbar
Zwischen den Ästen sie
Öffnen ihre Münder für blaue Gedanken
Winde und Wolken
Paaren sich in deinen Augen
Knüpfen Wortketten
Von Baum zu Baum
Der Kies unter den Sohlen
Knirscht fast
Verschwenderisch

Was kommt

Wolken überblättern das
Kalenderblatt Februar

Die Sonne zieht aus
Nackten Zweigen
Offene Blusen

Knopftriebe funkeln
Im Pelz der Kätzchen
Das gelockte Haar

Fällt über die Schulter
Des Buschs

Zwei Hälften

Erste Triebe
Bündeln Stichflammen
Im Herzen

Der Sturzflug der Amsel
Erneuert unsere
Grenzen

Singtrieb

Mit dem Fernglas
Suche ich einen Flügelschlag
Über jeden Kieselstein streicht
Die Vogelspur des Aufwinds

Laub

Was brüchig verblieb
Stemmt sich wieder in den Himmel
Laub verkörpert die Kraft
Mit dem Wind zu tanzen
All die grünen Baumherzen
Deren Gerippe bald knistert
Doch spiegelt sich dein Kieselgesicht
In den Pfützen
Und die kupferroten
Reinen Farben der Zeit
Liegen zu Füßen

Der Lattenzaun

Der Himmel bricht sich am Lattenzaun
Helle Spitzen versetzen Grenzen
Ein Sprung und die Katze sitzt
Im Treiben der Blätter spielt
Mit der Pupille des Windes
Eine einzige Wolke hält still

Das Kind

Die schwingenden Linien
Der Pferderücken schärfen
Den Ausblick
Beim Streichen über das Fell
Fallen Haare ins Gras ins weiche
Blau der Erinnerungshimmel
Ein Schnauben weckt
Das innere Kind

Bruderschaft

Der Himmel hortet Wolken
Wirft Launen ins Gras
Hütet die Luft zwischen Halmen
Ein Habicht droht mit seinem Leben
Dreht Runde für Runde im Gegenwind
Führt den Blick über eine Baumgruppe
Die für eine alte Freundschaft steht

Die Kornblume

Wolkenwände verhangenes Grau
Das Blau einer Kornblume
Saugt aufgelöste Grenzen
Ins Innere der Blüte

Löwenzahn

Diese
Greifbaren Sonnen
In konzentrischen Kreisen

Der Honig
Mittelpunkt
Deines Mundes

Sonnenblume

Die Sonnenblume wendet ihr Gesicht
Entflammtes schärft Konturen
Die Spuren mittäglicher Glut
Treiben Gedanken
Humus und Halme formen Schritte
Schuhe sinken in schwarzes Nichts
Mannshohe Pflanzen
Halten den Sommer in runden Fenstern
Ein abgebrochenes Köpfchen hält still

Farn

Ich bündele das Gespräch und lege es in die Sonne
Einzelne Worte glänzen im Licht
Nimm eine Hand und wirble sie in die Luft
Mit der Leichtigkeit der Schwalben wächst eine Antwort
Hinter Büschen wartet dein Gesicht
So lange Wimpern der Schatten

Disteln

Die Silberlinge
Lassen ihr Köpfchen hängen
Fallende Silberköpfe
Knöpfe am Wegrand
Köpfe der Stille die silbrigen Taler
Die Täler des Einsamen
Monde im Taglicht
Gefranste Münzen Mützchen
Voll von Flaum und Dornensaum
Kronen die Krönung Glanzpunkte
Im farbigen Treiben
Herangewachsene Hommage
An die verborgene Sprache

Astern

Ein Leuchten wuchs über Wipfel hinaus
Hingewandt zu dir
Zungenblüten
In lichtblauer Landschaft

Die Aster zittert
Still vor sich hin sie ruft
Sie gräbt sich tiefer sie
Blüht und glüht
Blüht auf bleibt
Im Bild

Orangen

Das Messer teilt eine Orange
Fruchtspritzer hängen in der Luft
Deine Orangenhaut die Poren
Sind Augen die das Fleisch von der Schale
Lösen

Milch

In der Tasse trübt sich der Grund
Sprache von Tropfen geformt
Schluck für Schluck nebelt der Tag
Bis auf eine Lichtspur Leuchtstunde
Am Fenstersims

Wünschelrute

Während das Glück
Im Erdhügel gräbt

Bereitet eine Stimmgabel
Die uns hüllenden Klänge

Weidenkuß

Zwei Stämme
Zusammen gewachsen

Eine Handbreit entfernt
Der Zaun doch
Wucherndes Kraut Überwuchs
Seine Stacheln

Stroh

Blaue Früchte im Halbschlaf
Verkürzen schon die Tage

Bis zum Horizont reihen sich
Lovestorys in Strohbetten

Auf der Straße nach dem letzten Dorf
Sammelt das Blut einer toten Katze die Fliegen

Das Auge

Ein großes Auge blickt mich an
Dieses Braun Bernstein am Strand
Ein Kupferhimmel bei jedem Anblick
Der alle Wimpernwipfel übertönt

Salzmuster auf der Haut
Ich sammle Muscheln in ausgewaschenen Spuren
Küsse einen Stein in der Hand
Den Übergang zwischen Wasser und Luft

Das Auge des Pferds blickt mich an
Wimpern bündeln Kräfte
Der Wind fällt in langen Strähnen der Mähne
Wispert von alten Quellen

Das weiße Pferd

Das Fell heller als Schnee
Schimmerndes Siegel der Leidenschaft
Ein Haar verspricht
Die Wiederkehr des Lichts

Aufs Neue wärmt sein Körper die Hand
Muskeln spielen und ruhn
Sein Ausdruck wendet jede Gefahr
Er trägt und trägt den Verlauf der Zeit

Fellwechsel

Ein Überhimmel
Von Schneehaaren
Glänzt im Sand

Dieser Auftakt fürs Gedächtnis
Birgt Sternschnuppen
Am lichten Tag

Stallruhe

I.

Der Hengst gräbt im Heu
Jeder Halm ein junger Sommer

II.

Körner zwischen Halmen
Das Maul sammelt die Reste vom Tag

III.

Große Augen bleiben bei mir
Rufen die Kraft des Ursprungs wach

Bergauf

Du bist frei
Wie der Galopp deines Pferdes
Bergauf schlagen Hufe: Sekundenlicht
Sand wirbelt und hinter der Wolke
Über dem Boden gleitest du
In eine andere Welt

Schwalben

I.

Der Morgen wirbelt Staub
Mit dem hohen Bild der Wolke

Der Himmel hängt
Im gekippten Fenster

Für einen Bruchteil
Fliege ich mit den Schwalben

II.

Flügel finden
Küß mich blind
Ich fange eine Feder
Stürz mit ihr ins Atemlose
Du wirbelst mein Haar
Hebst mich in Wolken
Gibst den Schwalben
Eine neue Richtung

Fluggeräusche

Schwäne überfliegen die Autobahn
Einen Atemzug lang
Blind werden beim Begreifen
Der Himmelsrichtungen

Sichtweisen

Die Ränder eines Blattes
Zeichnen sich
Klar ab

Handgroß
Bricht sich
Das Universum
Vor deinen Augen

In seinen Konturen
Vereinen sich
Licht und Schatten
Feine Adern führen
Zum eigenen Standpunkt

Betrachtungen beim Anknipsen
Der Deckenleuchte

Weil ich weiß
In welchem Tapetenrest sich
Der Lichtschalter befindet
Lasse ich die Augen geschlossen
Beim Umlegen des Schalters
Eine Wendung um 180°
Und das gemachte Licht
Füllt mein Unterbewußtsein
Das helle Schloßzimmer
Fordert zum Duell auf
Wahn oder Herz ist
Die entscheidende Frage
Fragile Denkmuster
Geraten ins Wanken
Bei leichtem Wind
Durchs offene Fenster
Nur die Körper mit innerem Auge
Gewinnen an Standhaftigkeit

Frankfurter Regen

Eine Klavierhand spielt
Den Vorhang durchs Fenster
In Wellen wandert Licht
An der Wand
Plötzlich wirfst du mir Stunden zu
In mir doppelt sich die Nacht
Ich bürste mein Haar
Es fällt über deine Schulter
Steigt über die Grenzen des neuen Tags

Ulmer Münster Wolken

Das Volumen der Wolken
Sprengt ihre Formen

Der Kopf der Stille
Mit schwerelosen Armen
Verlagert den Ausgangspunkt für Stimmen
Erlöst die Tiefe des Raumes

Wir werden Luft
Mit den Beinen auf der Erde

Frankfurter Dom

Die zeitliche Ausdehnung
Meines Körpers
Zur Grenzenlosigkeit

Die Zeit wächst in Glocken-
Blumen Glocken
Sie schwingen
Nehmen mich in sich auf
Ich habe Wolken in mir
Gräserspitzen des Stadtparks
Den Geruch nasser Straßen
Jonglierende Wortkugeln
Ich blättere eine Seite
Vor und zurück
Ich kann wählen
Zwischen schwarz rot
Und weiß

Zeitlos

Wir werden nicht gerufen
Und können ziellos sinken
Ins offene Tor des Waldes

Rings die Bäume führen
Durch gebreitete Innenleben
Ein Falke federt
Schatten und Licht
Hält grüne Augen
Flackernd in Bewegung
Wir erkennen den Uhrlauf
Der Stämme holen Umrisse
Aus der Luft
Können wechseln
Zwischen Himmeln
Oder Worten aus Erde

Grenzenlos

Die Kleider
Sind mir in den Leib gewachsen
Durch die Haut hindurch
Schimmert die Farbe des Mohns

Dein ruhender Atem
Weht durch das Mohnfeld
Er öffnet eine Blüte
Verweilt

Ernüchterung

Mit Worten
Füttere ich Tauben
Deine Finger
Teilten das Brot

Ich lese deine Augen
Auf dem Asphalt
Eine auffliegende Spur
Bündelt die Kraft darunter

Verbindungen

Aufgeladene Wipfel
Stauen das Blut
Unserer Hände
Wir heften den Blick
Ins Geäst erheben uns
Mit der sinkenden Sonne

Violinschlüssel

Die Honigluft enthüllt
Das Gesicht der Linde

Ich finde Violinschlüssel
Zwischen Blättern lese
Die Noten des Tages

Dein Schatten
Spielt Unendlichkeit
Wirft Akkorde vor meine Schritte

Ich atme rückwärts
Durch mich hindurch
Laß mich dirigieren
Von körperlosem Fallen

Die Spiegel

Des Flusses
Funkelnde Götter
Werfen Licht vors Auge

Worte tanzen
Junge Vögel
Ich zähl die Steine am Ufer
Jahre

Fügung

Zwischen Wolken und Wellen
Bahnt sich dein Boot seinen Weg

Enten schwimmen im neuen Licht
Wippen im Rhythmus der Bestimmung

Schwalben überqueren Grenzen
Rufen die Unantastbarkeit wach

Erkenntnis

Ein Überflug der Wolken
Ich falle in den Beginn der Stunde
Halte mich an einer losen Wurzel
Meinem Namen

Ich trage den Anblick der Erde
Warte auf mich
Dringe durch
Den Umriß steigender Gedanken

Der Kopf

Einer Krähe

Streckte sich
Für den Bruchteil
Einer Sekunde
Vor dem Abflug
Nach vorne
Hinauslehnen
Ins Offene
Nach oben fallen
Grenzen verlassen
Die Luft hinter sich
Im schwerelosen Hinauf

Wo Erdaugen nur noch
Kreischende Wege kreuzen
Himmel sehen lernen

Herbst

Die Fülle
Der gefallenen Rosenblätter
Dringt
In schmerzfreie Zonen

Brusthaare verwahren
Das Rosé des Mundes
Du knöpfst die Mantelerde auf
Zur nackten Wurzel

Paare

Morgens die hohe blaue Amsel
So fliegt dein Messer durch das Brot
Zwei Hälften zwei Seelen zwei Wörter suchen nach Schlaf
Wenn die Luft sich staut Augen haltlos in der Nacht
Schwarz verstummen rechte Schritte linke
Beim vierten Gongschlag erschrickt
Der halbe Mond

Du trägst mich ins Rot der Amaryllis

Gras

Deine Augen
In meinem Körper
Während das Mobile tanzt
Im glühenden Fenster
Quellende Baumriesen
Werden Lippenbekenntnisse
Geflüster erstickt blüht auf
Im roten
Gras

Regen

I.

Regen fällt in dein Gesicht
Die Augenwinkel weich von Gedanken
Ich sehe einen Tropfen sich regen und spüre
Eine Hand auf der Haut:
Die Tropfenhand
Deine Finger meine Hautstimmen
Verlieren sich im Tasten nach Regen
Fieber Endloswimper Pupille des Tags

II.

Wir fallen mit dem Regen
Doch nimmt uns die Nacht
Ins körperlose

Mondlicht

Wolke

Hinter einem gewaltigen Korpus
Wächst eine Bewegung
Von Winden
Energisch aufgeladen
Reibt sich seine Haut
An unseren Schatten
Wir werden blind
Von der Wucht
Des luftigen Körpers
Halten uns gegenseitig
Mit den Augen
Lassen die Himmel steigen
In unseren Tag
Ich reiche dir meine Hand
Du hebst mich über den Abend

Das Raunen

Das Raunen des Waldes dein tiefes Rufen
Zirkuliert im großen Haus
Unserer Glieder deine Lippen
Die Flügel eines Falken halten still nehmen
Glanz in sich auf

Morgenrot

Hoch
Zwischen Ästen des Nußbaums
Dein roter Wolkenmund
Bettet noch immer
Feuchtes Laub
Die hingewendeten Blätter
Tropfnaß von Küssen
Taumelnd im Echo
Deiner Körper-
Stimme

Blütenlese

Du pflückst
Die Apfelblüten
In meinem Körper
Ihre Gesichter
Hast du wachgeküßt
Die gebetteten Augen
Blicken dich dabei an
Sie öffnen die Himmel
Mit ihrem Sichelmond

Kußhand

Der Schrei der Möwe
Teilt das Wasser entzwei
Legt Mondkieselhäute frei
Holt mir die Wolke deinen Körper
Ans Ufer
Ich lege meine Arme ins satte Gras

Der Mond dein Herzblick

Hingegebenes Laub
Bald frei von Körpern
Die immer noch graben

Der wundgeküßte Mund
Vor dem offenen Fenster
Du stehst im Nachtblau
Dein zugewandter Herzblick
Lockt aus der Zeit

Apfelhände

Deine Apfelhände
Streichen mir Wachs
Ins Gesicht über
Die langsamen Linien des Mundes

Mein Haar auf deiner Haut
Bald flüssiges Wachs
Du fingerst nach Strähnen
Legst sie mir gebündelt um den Hals
Du gräbst bis an die Haarwurzeln
Und treibst und treibst sie tiefer

Apfelblüten

Die üppigen über-
Zähligen Apfelblüten

Wir werden leichter
Als ihr Anblick

Ich küsse dir Blütenblätter
Von den Lippen

Cello

Ich falle
Ins Cello deiner Augen
Und gleite
Ins Innere seiner Stimme

Unter der glänzenden Haut
Warten Rhythmen
Ihr Spiel
Drängt uns frei

Pfeil und Bogen

Die Sichel einer Wolke
Dein Augenlid
Trägt den Tag vor sich her
Von Spitze zu Spitze
Füllt sich Verlangen
Spannen sich Bögen aus Lust
Ein Haar aus Wind und Vertrauen
Eine flüchtige Ahnung
Von Glück

Begegnungen

Der Mond halb leer
Ein gefülltes Glas am Mund
Im Spiegel pendeln Lippen
Zwischen dir und mir
Gedankenuhren im Gleichmaß
Begegnungen die über sich
Hinauswachsen
Was entsteht
Formt sich neu
Wir haben nur die Weite des Tags
Und der Nacht

Augenküsse

Halt mich treib mich
Schau hin und spiel
Mit meinem Haar

Wir sind bald
Ein Stück näher
Dem Tod

Flieder

Der Flieder steigt
In den Abend
Ich pendle
Zwischen seinem Duft
Und deinem Blick

Wir haben die Luft für uns
Dazwischen
Färbt sich der Himmel

Die Nacht legt ihre Hand
Auf uns sie hebt
Deine Gedanken in meine

Amaryllis

Tausend Stimmen
Aus deinen Lippen

Du trägst mich
Ins Rot einer Amaryllis

Jeder Millimeter unserer Blüten
Haut beginnt sich zu erneuern

Aus wilden Wurzeln

In meinem Händebett
Ein gepflücktes Blatt

Ich trage die Ekstase der Bäume
Dir zu

Ich schenke dir mein Blatt
Ich schenke dir Küsse aus wilden Wurzeln

Sie tragen mich in die Wolkenfarben
Deiner Augen

Der Wind hält das Laub um uns
Unermüdlich in Bewegung

Dotterblumen

Steigende Blüten
Die Choreographie der Wiesen
Die leuchtenden Tanzschritte
Der ausgesäten Blicke

Was ich wachküßte
Kommt vielfach zurück
Tagrausch der Reinheit
Die blühende Sprache der Sinne

Ich schütze mein Herzblatt
Beschreibe die Straßen
Mit jungem Gras

Hibiskus

I.

Wartend auf die Wendung
Des Lichts

Der gespiegelte Name
Eines Tropfens
Wuchs mir zu
Ein kräftiges Wort
Das von innen leuchtet

Ich folge dem Augapfel
Deinem Aufblick

In die Mitte

II.

Das Blüten-
Innere leuchtet

Von der Glut
Deiner Fingerkuppen

Die Lippen brennen
Unter der Haut

Verbinden
Unsere Körper mit Licht

Wilde Margareten

Vokale im Zittergras
Das trockene Knistern
Unseres Luftzugs
Wir gehen schwerelos
Durch Schatten leichter
Als der Geruch
Gemähter Wiesen
Reife Ähren atmen schwer
An ihrer Frucht
Die Hitze verlangsamt die Wellen
Des goldenen Felds doch
Sie bewegen sich mit stetiger Ruhe
Uns zu
Ein Fokus
Unter freiem Himmel
Wilde Margareten
Kraft die sich treiben läßt
Von der Windstille
Fortlaufenden Worten
Schweiß und Speichel
Platzenden Tütchen
Körnchen die rieseln
Durch die Luft

Telefongespräch

Deine Stimme am Hörer
Eine Münze im Gras
Die Sonne narbt heran-
Gewachsenes Gewebe

Die Überglut unserer
Küsse bündelt mein Haar
Spiegelworte erhöhen
Die Ebenen unserer Sinne

Sommerblues

I.

Trügerische Stille
Öffnet blaues Laub

Halbschatten bergen Inseln
Auf Grasfeldern

Blaue Schritte warten
Auf das Gewicht ihrer Körper

Augenblicke vergehen
Durch Wiederholung

II.

Mein Standort die Reben
Der gekämmten Felder gleicht

Der scheinbaren Ordnung
Deiner Abwesenheit

Ich esse Trauben
Gras wuchs mir bis unter die Achseln

Verlangsamt Tage
Bestimmt die Grenzen neu

Ich sehe auch mit deinen Augen
Und esse mit deinem Mund

III.

Ich umschließe eine Traube
In meiner Hand die Traube meine Traube

Fällt ich lasse sie fallen
Ich fühle noch ihre glatte Haut

Die Kraft in meiner Hand
Deinen Mund

Mein Zungenspiel
Mit einem warmen süßen Tropfen

Körpermusik

Immer wieder
Stürzt sich die Sonne ins Meer
Nimmt deine Augen mit
Vervielfacht am Horizont

Ich tanze mit Wasserfarben
Blauen Bergen
Und dem Dunst
Der sich um meine Hüften legt

Und laß Schaumkronen wandern
Auf der Haut
Schmecke unsere Salzkrusten
Im umspülten Land

Krähenschrei

Bäume steigen
Wir schweben
In verschlungenen Zweigen
Greifen schwerelos
In Luft gewandelte
Körper deine Zungen
Durchdringen das Grün die
Augen der Wolken
Wir tragen uns
Tauschen Pupillen
Wir mischen Licht
Unter die Schatten der Bäume

Muscheln

Mit zärtlicher Langsamkeit
Streiche ich über das Fell meiner Katze
Sie spricht mit deinen Augen
Die wild vom Meeresgrund erzählen
Wenn wir tauchen glänzt für uns der Ufersand
Er führt hinab endlos tief bis der Untergrund
Übergeht in den Himmel

Rausch

Ich wiege mich in deinen Armen
Und laß mich aus dem Körper fallen
Dein Blut kreist in mir und ich drehe
Die Zeit rückwärts sie dreht uns
Dreht uns zusammen
Zu einer spiralförmigen Landschaft
Die Täler reißen auf für gleißende Hügel
Das Licht blendet doch sanft
Umschließt es die Erde

Erster Advent

Taumelnd aus deinen Armen
Falle ich auf die weichgeküßte Erde
Die Spuren deiner Hände tragen
Den goldenen Schuh durch den ersten Schnee
Flocken und Glocken tanzen über sich hinaus
Doch jedes Maß verliert seine Grenzen
Und gewinnt an Herz
Kerzen öffnen Himmelsaugen
Brechen das Schweigen der Nacht
Ich bette deinen Mund
In meinem Atem

Lichthof

Dein Schulterblatt
Wölbt sich mir entgegen
Ich schließe die Augen
Ertaste was ich nicht sehe
Meine Stirn löst sich auf
Zwischen Fingerzungen
Im Hämmern des Hungers
Im Lichthof
Der sich erhebt und überglüht

Zwischen deinen Fingern

Und ich lege meine Stirn
In die warme Fläche
Ich weiß
Daß du mich ansiehst
Während ich
Deine Fingerspitzen liebkose
Im Nagelbett des Daumens verweile
Über knöcherne Berge
Hinauf und hinab wandere
Wie weit deine Hand ist
Die unermüdliche Brise

Himmelbett

Ich vergrabe die Wangen
In meinem Himmelbett
Deine Achselhöhlen schmecken
Nach blinden Früchten
Ich atme aus der Zeit
Verewige dir meinen
Hunger

Glockenschlag

In mir öffnet sich
Ein Zifferblatt du drehst
Den Zeiger langsam aus meinem Sinn
Takt bestimmt den Atem das Pendel
Beginnt zu schwingen
Stößt die Bahnen frei

Schaukel

Du bist meine Schaukel
Immer dieses Bauchgefühl
Wenn ich falle
Und steige
Und schwinge
Und singe
Mit dir

Du hast mir die Augen
Verbunden
Blind vertraue ich dir
Wenn du mich
Um die halbe Welt schickst
Von Ost nach West nach Ost
In die Tiefe nach oben

Die anderen Hälften
Küsse ich dir zu
Du bist
Mein wehendes Haar

Zerzaustes Haar

Fallen und fliegen
In einem Wort

Ich wickle mein Haar
Um deinen Hals

Angeschmiegt
Sind wir eins
Zählen doppelt

Deine Glut
Schiebt Sekunden
Vor sich her

Schmiedet
Küsse
In die Nacht

Deine Hände
Halten endlos still
Im vollen Haar

Gebändigt

Zwischen den Büschen
Erreicht mich dein Blick
Deine Augen bändigen
Zitternde Schatten

Greifbare Wolken
Im Spiel doppelten Grüns
Führen unsere Schritte auf
Den Weg zum Sommer

Du küßt
Die vorgewölbten Spitzen des Ahorns
Bedeckst meine Haut
Mit der Leichtigkeit jungen Laubs

Über Schwellen

Du hältst mir Blicke entgegen
Mit denen ich aufgehe über Bäumen
Hinbrausende Winde kehren um
Wenn du mich ansiehst
Ich trage das Oktoberlicht ins Morgen
Mit jedem Atemzug tauche ich tiefer
Ins Verglühen der Farben
Ins Erglühen

Klee

Taumel der Wind
Dein Auge

Durchs Fenster
Weht unsere Zeit
Wir sind im Besitz
Einer grünenden Kraft
Flechten Haare ins Gras
Wandeln Küsse
Der Wind öffnet
Körperfenster
Unsere Amselworte
Blühen
Mit jungem Klee

Suche nach Klee

Jazz in den Wolken
Die wuchernden Gebilde
Deiner Stimme
Der Wind fällt in Locken
Klingt in Glocken-
Blumen holt das Blau
Auf die Erde der Rhythmus
Der Gräser wippt zwischen Wolken-
Wiesen krautigem Grün ich suche
Nicht mehr nach dem Glück

Hochnebel

Als würden die Schwalben
Verschwenderisch mit der Milch-

Kugel deinem Kuß-
Mund spielen

Tanzt das Hochlicht
Deine Augenhand

Auf meiner Haut und
Reißt die Zeit an füllt sie

Du hast unseren Kosmos
Markiert

Wolken

Wenn du mir
Die Haut
Vom Leib küßt

Treibt dasselbe Blut
Die Blüten
In unserem Garten und

Ins Gras das Haarbeet
Dringt der duftende Saft
Unserer Körperwolken

Wandlung

Dein Salz
In meinem Feld
Du gräbst die Ufer
Frei
Auf der Brücke
Zur Sonne
Sinken Wipfel in die
Drängenden Stimmen
Aller Farben

Nachtvogel

Während die Nacht sich aufplustert
In deinen Augen
Schwebt der Mond durchs Zimmer
Umkreist den schrillen Schrei der Wände

Die Wolken in den Laken
Balancieren auf unserer Haut
Reißen die Fenster auf
Scheiteln einen Stern

Ankern

Im See
Tanzen Spiegel
Gesichter Gespenster
Doppeln
Die Weite zum Ufer
Du wirst groß
In mir
Wirfst einen Anker

Du bist mein Spiegel
Im Gewicht meiner Hände

Aufgehender Mond
Ich trinke aus seiner Schale
Im luftigen Meer
Schaukelnd von Kopf bis Fuß
Von Spitze zu Spitze des gewölbten Lichts

Ich liebkose dich
Wenn du fällst
Über den Rand
Die Grenzen
Zur Schwerelosigkeit

Ein gefühltes Wort
Steigt aus jeder Halterung jedem
Neuen Mond
Du bist mein Spiegel
Im Gewicht meiner Hände

Gobelin

Jeden Millimeter deines Körpers
Finde ich im Gras

Du glänzt auf allen Spitzen
Auf jedem grünen Hals

Ruhst im wuchernden Kraut
In den Lippen der Ackerwinde

Die Mitte des Himmels
Spiegelt sich in deinen Augen

Ich halte deinen Blick sticke Worte
Aus dem Gedächtnis ins volle Laub

Wir

Weil du eine Sonne in mir entzündest
Erkenne ich dich blind

Wir tanzen Stirn an Stirn
Schälen uns hinab im

Rhythmus unserer Adern
Der das Meer doppelt

Den Horizont verlagert
Das Blut mischt mit Hunger nach Luft

Ich werfe Rosenblätter durch die Zeit
Erweitere meinen Herzlauf um unser Gedächtnis

Gleichgewicht

Dich mit meinem Atem berühren zu können
Macht mich atemlos

Die Innenwelt deiner Pupillen
Dringt durch meine Haut

Leiht mir die Geschwindigkeit
Des Lichts

Ich verliere das Gleichgewicht
Indem ich es wiederfinde im

Heben und Sinken Schweben
Durch den Rahmen der Endlichkeit

Liebeserklärungen

Hineinwachsen in den Regen
In den Handflächen Tropfen sammeln
Häute abstreifen
Barfuß mit erfühlten Sohlen gehen
Atmen im Takt des Laubs
Im Ohr die Wellen des Atlantiks
Brandung sein hingespülte Muschel
Ankommen an deinen Körperklippen
Vorwärts fallen zurück und vor in innere Spiegel
Ja sagen zum Aufwind des Standpunkts
Hinsehen dich ansehen
Ein Gedicht in Küssen lesen
Maß nehmen an der Länge einer Wimper
Sinken in den Abend und Morgen deiner Nähe

Inhalt

DU TRÄGST MICH INS ROT DER AMARYLLIS

© 2015 Klöpfer und Meyer, Tübingen.
Alle Rechte vorbehalten.
ISBN 978-3-86351-097-8

Umschlaggestaltung: Christiane Hemmerich
Konzeption und Gestaltung, Tübingen.
Herstellung: Horst Schmid, Mössingen.
Satz: CompArt, Mössingen.
Druck und Einband: Pustet, Regensburg.

Mehr über das Verlagsprogramm von Klöpfer & Meyer
finden Sie unter *www.kloepfer-meyer.de*

Weitere Gedichte von Christine Langer sind bei Klöpfer & Meyer erschienen in ihren Gedichtbänden:

Findelgesichter
»Zu entdecken ist Christine Langer: eine große Dichterin.« Die Zeit

Lichtrisse
Ausgezeichnet mit dem Förderpreis für Lyrik der Internationalen Bodenseekonferenz (»Buch des Monats«)

und als Beitrag in:

Albgeschichten
Der schöne Band »Albgeschichten« versammelt Erzählungen, Essays und Gedichte aus zwei Jahrhunderten – von Hölderlin bis Hauff, von Uhland bis Mörike, von Johannes R. Becher bis Peter Härtling, von Gerd Gaiser bis Margarete Hannsmann. Eine wohlfeile Sammlung zum Schmökern und Studieren, die jeder gute Schwabe und überhaupt jeder Liebhaber der Schwäbischen Alb unbedingt gelesen haben sollte.

Luft unter den Flügeln
Der Irseer Pegasus – Ein Lesebuch. In Zusammenarbeit mit Eva Leipprand, Fritz Reutemann und Rainer Wochele
Das Irseer Autorentreffen besteht aus einem kritischen Workshop, aus einem Expertengespräch mit arrivierten Vertretern des literarischen Lebens – und schließlich wählen die Autoren der literarischen Werkstatt aus ihrer Mitte auch drei Preisträger. ›Luft unter den Flügeln‹ ist nun das schöne Buch zum 10. Geburtstag des Irseer Pegasus. Ein facettenreich-farbiges Lesebuch mit Gedichten und Geschichten der preisgekrönten und vielfach schon erfolgreichen Teilnehmerinnen und Teilnehmern.

Vom Himmel auf Erden
Literarisch durchs Kirchenjahr